越野车图典

韩 雪 ✿ 编绘

化学工业出版社
·北京·

U0314702

图书在版编目（CIP）数据

越野车图典 / 韩雪编绘. —北京：化学工业出版社，
2018.8（2024.1重印）
ISBN 978-7-122-32212-8

Ⅰ.①越… Ⅱ.①韩… Ⅲ.①越野汽车-世界-图
集 Ⅳ.①U469.3-64

中国版本图书馆CIP数据核字（2018）第103590号

责任编辑：史 懿　　　　　　　　　　　　　　　　　　　装帧设计：刘丽华
责任校对：王素芹

出版发行：化学工业出版社（北京市东城区青年湖南街13号　邮政编码100011）
印　　装：天津图文方嘉印刷有限公司
889mm×1194mm　1/20　印张6　2024年1月北京第1版第6次印刷

购书咨询：010-64518888　　售后服务：010-64518899
网　　址：http://www.cip.com.cn
凡购买本书，如有缺损质量问题，本社销售中心负责调换。

定　　价：29.80元

目录 Contents

什么是越野车

越野车是一种为越野而特别设计的汽车，主要特点是四轮驱动，拥有较高的底盘、较好抓地性的轮胎、较高的排气管、较大的马力和粗大结实的保险杠，能在各种路面行驶，给人一种粗犷豪迈的感觉。

战争产物

第二次世界大战期间，由于军事需要，美国军方急需生产一种车身轻、易维修、跑得快，而且四轮能同时驱动的车辆。于是，越野车诞生了。

越野车的分类

越野车按用途可分为军用越野车和民用越野车；按载重能力可分为重型越野车、中型越野车和轻型越野车。

重型越野车

军用越野车

民用越野车

轻型越野车

中型越野车

皮卡系越野车

皮卡是一种采用轿车车头和驾驶室，同时带有敞开式货车车厢的车型。其特点是既有轿车般的舒适性，又不失越野车的强劲动力，而且比轿车的载货能力和适应不良路面的能力强。最常见的皮卡车型是双排座皮卡。

主要分类

皮卡可分为日式丰田系列、日产系列、五十铃系列、马自达系列和美式通用系列、福特系列等。

进入中国

20世纪90年代初，皮卡开始进入中国，大部分品牌已具备了标准、豪华、超豪华三个层次车型的生产能力。中国皮卡生产厂家已达30多个，中高档皮卡品牌主要有扬子、长城、中兴、奥铃、曙光、新凯等。

日产皮卡

凯迪拉克皮卡

马自达皮卡

福特皮卡

雪佛兰皮卡

悍马皮卡

奥迪越野车

说起奥迪这个名字，还有一个故事。奥古斯特·霍希原本以"霍希"注册了一家公司，但是没多久，因为和投资人有分歧，就离开了公司。之后他重新创立了"霍希"公司，却遭到之前公司的起诉。就在他懊恼的时候，他的儿子建议用"霍希"的拉丁文念法"奥迪（Audi）"。

汽车名片

品牌名称：奥迪。总部：德国。创始人：奥古斯特·霍希。越野车系：Q3、Q5、SQ5、Q7。成立时间：1909 年。

奥迪Q5

奥迪Q5的车身珠圆玉润、曲线动人，线条流畅，如水一般灵动。看来，奥迪是想把Q5打造成一位"大众情人"。

Q5

Q5

Q7

SQ5

Q3

Q7

巴博斯越野车

巴博斯的创始人是博多·布舒曼，他24岁还在上大学时，因为不满意奔驰的性能，打算自己加以改装，经过了一段时间的筹划，他创建了巴博斯品牌。

巴博斯M级代表——35MR

巴博斯35MR的造型不像一般越野车那样过于强悍，其动感、流畅的线条使高大的车身显得非常利落，表现出一种卓然不凡的名门气质。这款SUV在外观上的最大特点是创新、漂亮的空气动力学设计。

汽车名片

品牌名称：巴博斯。总部：德国。创始人：博多·布舒曼。越野车系：G级、GL级、M级。成立时间：1977年。

GL 级

M 级

M 级

G 级

GL 级

G 级

宝马越野车

和奔驰汽车一样，宝马汽车以高质量、高性能和高技术为追求目标，汽车产量不高，但在世界汽车界和用户中享有和奔驰汽车几乎同等的声誉。同样在越野车领域，宝马也有自己的一席之地。

汽车名片

品牌名称：宝马。总部：德国。创始人：吉斯坦·奥托。越野车系：X1、X3、X4、X5、X6、X5M、X6M。成立时间：1916年。

车标故事

宝马标志上的蓝色代表蓝天，白色代表白云，蓝白两色相间则代表旋转不停的螺旋桨，象征该公司从前在航空发动机技术方面的领先地位。

新BMW X1

X1

The New BMW X1

X3

BMW X6 M

X6M

BMW X6

X6

X5

BMW X6

X5 e Drive

X4

保时捷越野车

保时捷创始人费迪南德·保时捷是著名的汽车工程师，被誉为最杰出的汽车设计大师之一。他有高超的产品设计水平，一直致力于让汽车大众化。活泼可爱、深受年轻人喜爱的甲壳虫汽车就是他设计的。

汽车名片

品牌名称：保时捷。总部：德国。创始人：费迪南德·保时捷。越野车系：Macan、卡宴。成立时间：1931年。

保时捷卡宴

在西班牙语中，卡宴的拼写cayenne是"辣椒"的意思。而卡宴越野车无论是外在还是内在，也确实像一支火辣辣的辣椒。

卡宴

卡宴

Macan

卡宴

卡宴

Macan

北汽绅宝越野车

北京汽车的标识以"北"字作为设计的出发点，"北"既象征了中国北京，又代表了北汽集团。同时，"北"字好似一个欢呼雀跃的人形，表明了"以人为本"的理念。"北"字又犹如两扇打开的大门，它是北京之门，北汽之门，开放之门，未来之门。

汽车名片

品牌名称：北汽绅宝。总部：中国。创始人：无。越野车系：X25、X35、X55、X65、OffSpace。成立时间：2010年。

北汽历史

北汽集团有着悠久的历史，其前身可追溯到1958年成立的"北京汽车制造厂"。先后自主研制、生产了北京牌BJ210、BJ212等系列越野车，北京牌勇士系列军用越野车。

绅宝X65

X65

X25

X35

X55

X25

X35

奔驰越野车

早在 1926 年，当时德军授意奔驰公司生产一款具有良好通过能力的车型，以便投入到战场当中。梅赛德斯 - 奔驰顺利完成了任务，它生产出的越野车名字是 Gel ndewagen G1，而 Gel ndewagen 在德文中的意思就是越野车。

汽车名片

品牌名称：梅赛德斯·奔驰。总部：德国。创始人：Karl Benz 和 Gottlieb Daimler。越野车系：G 级、乌尼莫克。创立时间：1900 年。

通过能力强

特殊的三轴结构加上加宽的前后轮距让 G1 拥有当时前所未有的坏路通过能力，长轴距也可以给至少 6 名成年人提供足够的乘坐空间。从 1926 年首辆 G1 驶下生产线到 1928 年停产，奔驰公司总共只生产了 5 辆用于测试的原型车。它的历史非常短暂，但这款越野车却为后来 G 系列的辉煌埋下了伏笔。

奔驰G级越野车

如果非要说路虎是越野车之王的话，那奔驰G系列就是四驱车队伍里的"稀有动物"。这款以非凡越野性能著称的越野车，只有很少人能够享用。

历史悠久

奔驰G级车是一款有着深远历史渊源的车，早在第二次世界大战时期它就已经在为德军服务了。当时德国的最高军事领导就以它为座驾，在柏林检阅部队甚至上前线指挥战斗。G4应该为G级车的鼻祖，性能卓越。

军队用车

早在1983年，G级车就夺得了当年巴黎-达喀尔拉力赛的冠军。世界上有20多个国家将G级车用作军队的指定车辆，包括德国、挪威、奥地利、列支敦士登、瑞士、阿根廷、印度尼西亚、伊朗、斯洛文尼亚等。

奔驰乌尼莫克越野车

乌尼莫克是奔驰公司为了适应特种路面而开发的全地形越野车。在越野性能上，它并不逊色于大名鼎鼎的奔驰G级车，有超一流的越野通过能力、可靠性和耐久性，优异的适应能力，有"强悍金刚"之称。

最初造型

在设计之初，乌尼莫克并非汽车，设计者赋予它的使命单纯而善良。它最早是一种用于物资短缺时期的、改善人们生活的万能的农用车。这时的乌尼莫克看起来更像一辆拖拉机。

越野车之巅

该车最高车速可达120千米/小时，有效载荷大约为4.3吨。乌尼莫克作为当今军用越野车之巅，在一定程度上代表了未来的发展方向。

G 级越野车

G 级越野车

G 级越野车

乌尼莫克军用车

乌尼莫克万用卡车

乌尼莫克 425

本田越野车

提起日本本田，恐怕无人不知，无人不晓。本田技术研究所是当今世界汽车业的佼佼者。在日本企业界，本田是技术和活力的代名词，也是日本大学生毕业后非常向往的就业目标。

汽车名片

品牌名称：本田。总部：日本。创始人：本田宗一郎。越野车系：XR-V、缤智、CR-V。成立时间：1948年。

本田 CR-V

本田不光有摩托车、轿车，也有越野车。CR-V 是 comfortable runabout-vehicle 的缩写，从名字就可以看出它对舒适性的要求，历史可追溯至1995年，至今已遍布全球一百多个国家和地区。

缤智

缤智

缤智

XR-V

CR-V

CR-V

CR-V

比亚迪越野车

比亚迪的车标由两个同心的椭圆构成，象征比亚迪与合作伙伴一路同驰骋。也彰显比亚迪既是勇立潮头的大船，更是孕育自主品牌的摇篮。中间的黑色椭圆带中镶嵌的"BYD"是品牌名的首字母。

比亚迪特色

比亚迪是中国汽车企业中，或者也可以说是世界的汽车企业中，坚持新能源汽车发展战略最坚强的公司之一。比亚迪在世界新能源汽车市场上名列前茅，紧追特斯拉和日产聆风。

汽车名片

品牌名称：比亚迪。总部：中国。创始人：王传福。越野车系：唐、宋、S6、S7。成立时间：1995 年。

S6 2013 白金版

唐 2015 款

S7

S7

S6 2011 尊贵型

宋

标致越野车

标致的车标是一尊小狮子。古往今来，狮子的雄悍、英武、威风凛凛被人们视为高贵和勇敢的代表，古埃及的巨大雕塑"斯芬克斯"，就是人首狮身，代表法老的威严和英武。所以，标致公司为使用"狮子"商标而感到自豪。

汽车名片

品牌名称：标致。总部：法国。创始人：阿尔芒·标致。越野车系：2008、3008、4008。成立时间：1896年。

越野车特点

标致越野车可以自如地穿梭于城市之中，也可以在美丽的大自然里尽情追逐越野的乐趣。硬汉的体魄与绅士的浪漫在标致越野车身上得到了充分的体现。强悍的越野性能、敏锐的操控体验、创新的设计风格，无时无刻不彰显着标致越野车优雅、时尚的风格魅力。

4008

2008

2008

2008

2008

4008

别克越野车

1903年5月19日大卫·邓巴·别克创建了美国别克汽车公司，后来马车制造商 William C. Durant 买下了这家公司，并沿用别克品牌。1908年它的产量达到8820辆，居美国第一位。

车标含义

别克的商标图案是以一个圆圈中包含三个盾为基本图案。它的排列给人们一种起点高并不断攀登的感觉，象征着一种积极进取、不断登攀的精神。

汽车名片

品牌名称：别克。总部：美国。创始人：大卫·邓巴·别克。越野车系：昂科拉、昂科威、昂科雷。成立时间：1903年。

昂科威

昂科拉

昂科雷

昂科雷

昂科拉

昂科雷

长安越野车

长安汽车的前身是上海洋炮局，由洋务运动发起人李鸿章于 1862 年（清同治元年）授命英国人马格里和中国官员刘佐禹在上海松江城外一所庙宇中创办，抗日战争期间迁往重庆，是整个抗战期间最大的兵工企业。

汽车名片

品牌名称：长安。总部：中国。创始人：无。越野车系：CS15、CS35、CS75。成立时间：1996 年。

车标故事

车标图案由象征长安军工厂"出身"的矛与盾组成，但在圆润线条的修饰和古典与现代色彩的渲染下，其总体风格却散发出浓郁的欧陆气息，同时透露出长安汽车立足国内、放眼世界的雄心。

CS15

CS75

CS35

CS35

CS75

CS75

长城越野车

长城车标的椭圆外形象征长城汽车立足世界。中间凸起的部分，像烽火台，代表万里长城；也像剑锋、箭头，寓意为长城汽车充满活力、蒸蒸日上，敢于亮剑、无坚不摧；还像立体的"I"，寓意快速反应、永争第一。

汽车名片

品牌名称：长城哈弗。总部：中国。创始人：魏建军。越野车系：哈弗M1、哈弗M2、哈弗M4。成立时间：1984年。

长城哈弗 M4

长城哈弗M4外观时尚大气，特别是车头，霸道、阳刚，给人留下深刻的印象。底盘高，道路通过性好，车身大小合适，停车方便。家用动力充足。

长城 M4
Great Wall M4

M2

M2

M1 迷你

M2

M4

M1 迷你

长丰猎豹越野车

猎豹系列越野汽车是长丰集团在引进日本三菱帕杰罗越野车技术后，结合我国实情进行消化、吸收改造而成的。

汽车名片

品牌名称：长丰猎豹。总部：中国。创始人：无。越野车系：飞腾、飞腾C5、奇兵、黑金刚、Q6、CS6。成立时间：1950年。

检阅用车

猎豹汽车是我军总后勤部指定的军队指挥用车生产单位，多位党和国家领导人均乘坐过猎豹品牌检阅车检阅军队。2014年年初，猎豹敞篷车被选为首都武警巡逻用车。

黑金刚

奇兵

黑金刚

飞腾 C5

奇兵

黑金刚

DS 越野车

DS 的法文全称为 Déesse，即女神的意思。DS 自 1955 年在巴黎车展首次亮相，就以设计和技术上的创新引起极大轰动，在汽车发展史上有着非常重要的地位。DS 被誉为"总统座驾"，从戴高乐到奥朗德，DS 都是法国总统的不二之选。

总统座驾

DS 曾在 1962 年帮助戴高乐总统成功逃脱刺杀。当时，车身一侧的两只轮胎均被子弹击破，但 DS 仍凭着自身卓越的性能，全速飞奔，帮助戴高乐总统逃离了刺杀现场。这一传奇事件被后人改编为小说以及同名电影《豺狼的日子》。

汽车名片

品牌名称：Déesse（法文）。总部：法国。
创始人：皮埃尔·布朗热。越野车系：DS 6。
成立时间：1955 年。

DS 6

DS 7

DS 6

DS 6 2014 基本款

大众越野车

　　大众汽车是世界四大汽车生产商之一的大众集团的核心企业。大众汽车的德文写法是"Volkswagen"。"Volks"在德语中意思为"国民","Wagen"在德语中意思为"汽车",全名的意思就是"国民的汽车"。

汽车名片

　　品牌名称：大众。总部：德国。创始人：费迪南德·保时捷。越野车系：途观、途锐。成立时间：1937年。

能力卓越

　　大众制造SUV的能力，大家不必怀疑。翻开德国汽车的历史，人们很容易找到20世纪30年代的一些德国军用越野车，那些车子很多是大众制造的。第二次世界大战结束后，英国人接管了大众在沃尔夫斯堡的工厂。战后生产的第一批车子，居然就是甲壳虫越野车。

New Tiguan

途观

途观警车

途锐

途观

途锐

途观

道奇越野车

　　"道奇"文字商标"Dodge"，就是道奇兄弟的姓氏。图形商标的外部轮廓是一个五边形，里面是一个羊头的形象。这个商标象征着道奇汽车强壮剽悍，善于决斗，也展现出道奇产品的朴实无华、美观大方。

道奇酷威

　　道奇酷威是专为典型"4+2+1"家庭打造的越野车型，目标是使驾驶者在商务、家庭与休闲生活中轻松跨界；让乘坐者乐于与家人、朋友分享精彩人生，是宜商宜家的大七座豪华跨界SUV。

汽车名片

　　品牌名称：道奇。总部：美国。创始人：约翰·道奇和霍瑞德·道奇。越野车系：拓远者、酷博、酷威。成立时间：1914年。

酷搏

酷搏

拓远者

酷威

拓远者

酷威

东南越野车

东南汽车的标志是"鹏鸟"头部的造型，从右下方（代表东南方）昂首朝向左上方，表现出振翅欲飞的姿态，代表"鹏起东南，行诸四海"的企业理念与雄心。外部的椭圆造型，象征源源不断的能量感，也象征追求进步和卓越的心。

汽车名片

品牌名称：东南。总部：中国。创始人：无。越野车系：富利卡、DX3、DX7。成立时间：1995 年。

汽车帝国

东南汽车城拥有完整的冲压、焊装、涂装、总装四大工艺，是一个自前段工序配套件至后段工序整车组装都具自主发展能力的专业汽车生产基地。

富利卡

DX3

DX3

DX7

富利卡菱动

DX3

菲亚特越野车

菲亚特作为超过百年历史的经典品牌一直被视为完美汽车的缔造者，旗下的著名品牌包括：菲亚特、克莱斯勒、Jeep、道奇、法拉利、玛莎拉蒂、阿尔法-罗密欧、蓝旗亚、纽荷兰等。

汽车名片

品牌名称：菲亚特。总部：意大利。创始人：乔瓦尼·阿涅利。越野车系：菲跃。成立时间：1899年。

车标故事

菲亚特采用的是盾形车标，车标中有"FIAT"四个英文字母。"FIAT"在英语中具有"法令""许可"的含义，因此在客户的心目中，菲亚特汽车具有较高的合法性与可靠性，深得用户的信赖。

菲跃

菲跃

菲跃

菲跃

菲跃

菲跃

菲跃

丰田越野车

第二次世界大战以后，吉普车鼻祖威利斯出产的越野车遍布战胜国和战败国。越野车的功能性及通过性，使得人们对汽车固有的观念被打破。更多的厂商开始研发自己的越野车，丰田也成为其中的重要一员。

汽车名片

品牌名称：丰田。总部：日本。创始人：丰田喜一郎。越野车系：RAV4、汉兰达、奔跑者、威飒、普拉多、FJ酷路泽、兰德酷路泽、红杉。成立时间：1937年。

车标故事

丰田车标中的大椭圆代表地球，中间由两个椭圆垂直组合成一个"T"字，代表丰田公司，整个车标象征丰田公司立足于未来，对未来充满信心和雄心。

RAV4

RAV4

FJ 酷路泽

兰德酷路泽

汉兰达

威飒

普拉多

福特越野车

福特汽车的创始人——亨利·福特是个天生的机械师。他小时候的玩具就是各种工具。从13岁开始，他修表、修机器；17岁起到一个机械厂做学徒、机械师。后来，他成为世界上第一位使用流水线大批量生产汽车的人。

汽车名片

品牌名称：福特。总部：美国。创始人：亨利·福特。越野车系：翼搏、锐界、撼路者、探险者、征服者、翼虎。成立时间：1903年。

福特翼虎

福特翼虎延续福特家族的优异设计，完美打造动感强劲但不失优雅的形象，整体彰显刚毅风范，细节尽显质感品味，一路俘获众人目光。

福特 翼虎

锐界

探险者

锐界

翼搏

翼搏

翼虎

嘎斯越野车

提到嘎斯越野车，可能不少军事迷会比较了解，它是诞生于苏联时代的轻型越野车，曾在卫国战争时期为苏联红军做出过重大贡献。嘎斯是英文 GAZ 的音译。

汽车名片

品牌名称：嘎斯。总部：俄罗斯。创始人：无。越野车系：67、云杉。创立时间：1938年。

嘎斯67

在第二次世界大战的战场上，除了随处可见的美制威利斯吉普，还有一种性能出色的军用轻型越野车——嘎斯67。由于出现的年代相近，结构和外形相似，人们通常认为嘎斯67是威利斯的翻版。在抗美援朝战争中，苏联向中朝军队提供了一批嘎斯67作为高级指挥人员的用车。直到20世纪70年代中期，部分嘎斯67仍在使用，可见它和威利斯一样耐用。

军用卡车

3937

云杉

69

51

广汽传祺越野车

传祺是广汽集团中高级系列轿车品牌之一。该品牌车型继承了欧洲高端品牌在操控性、舒适性和主动安全性等方面的优秀基因，采用了世界先进的成熟底盘平台和动力总成技术。"传祺"不仅在发音上有"传承千年"的寓意，同时亦有传递吉祥、祺福品质生活的意蕴。

汽车名片

品牌名称：广汽传祺。总部：中国。创始人：无。
越野车系：GS4、GS5、GS5 Super、GS8。
成立时间：2010年。

车界新宠

2014年广汽传祺GS5为《变形金刚4》剧组指定用车，成为中国自主品牌携手好莱坞的"大片第一车"。目前已经是国内军用公务指定用车。

GS4

GS5

GS4

GS5

GS5 Super

海马越野车

海马汽车原来与马自达合作使用马自达的标志，这也就使"海马"这个称呼在概念上容易让人模糊，如今，"海马"品牌被强调为自主品牌。

汽车名片

品牌名称：海马。总部：中国。创始人：无。越野车系：S5、S7、骑士。成立时间：1988年。

车标故事

海马汽车的标志是象征太阳的圆上嵌一个抽象的鹰隼形象，寓意为"旭日东升，鲲鹏展翅"，代表了海马汽车奋发向上、矢志腾飞的企业形象。

海马s5

S5

骑士

S7

S5

S5

骑士

悍马越野车

美国AMG汽车公司是美国汽车公司的子公司,以生产悍马品牌车而扬名世界。1992年,第一批民用悍马一经推出,立刻赢得了美国民众的青睐。

汽车名片

品牌名称:悍马。总部:美国。创始人:乌特。越野车系:H1、H2、H3。成立时间:1903年。

车标故事

美国军方于20世纪70年代末,根据越战经验,发现需要新一代的轻型多用途军车。当时军用车需要满足高机动性、多用途、有轮(非履带式)的需求。

　　1979 年 AMG 公司投标生产高机动性、多用途轮式汽车，以满足美军在车辆性能规范上的要求，这就是悍马车的起源。

越野车之父

　　1940 年 7 月 11 日，美国军方向 135 个企业发出了研制一种轻型侦察车的招标书，条件苛刻而且时间紧。其中一家企业就是威利斯 - 越野汽车公司。它设计出最初的吉普车"Willys"，这一举世闻名的全球首辆越野车自此诞生。

正式命名

　　1980 年 AMG 承接美国军方一宗军车设计任务，设计出悍马越野军用汽车。3 年后，美国陆军和 AMG 公司签订了首批供应 55000 辆的合同。1984 年，HMMWV 被正式命名为 HUMVEE，一直到 2000 年，悍马共生产了约 15 万台。

悍马 H1、H2、H3

悍马 H1

悍马 H1 是悍马所有车型中最接近美国军车的车型，长 4686 毫米，宽 2197 毫米，被誉为"世界越野之王"当之无愧。

悍马 H2

对于悍马家族的所有成员来说，H2 是最成功的，也是最具设计灵感的车型，它不仅有着家族血统的外形，经典的雅致也被恰如其分地融入它的气质中。打个比方说，如果说 H1 是一个古典式的摔跤运动员，H2 则更像具有智慧的拳击高手。

悍马 H3

悍马 H3 的外形就是皮卡，与 H1、H2 都不同。它的顶篷可以电动打开，后窗也可以隐藏起来，从而形成一个完全开放的驾驶室。它没有 H1 那么野蛮，也没有 H2 那样张扬。

H3

军用悍马

H1

1944 WILLYS

1940 WILLYS

1976 WILLYS

H2

华泰越野车

华泰汽车是我国 SUV 的先行者。创业不久，就与韩国现代合作，引入多种型号的现代 SUV 车型，在国内市场掀起了 SUV 旋风。基于现代平台的华泰特拉卡成为国内 SUV 的代表车型。

汽车名片

品牌名称：华泰。总部：中国。创始人：无。越野车系：圣达菲、宝利格、特拉卡。成立时间：2000 年。

华泰特拉卡

华泰特拉卡的原型是现代的战马越野车，而战马越野车则是韩国版的三菱帕杰罗第二代。特拉卡在越野方面的能力是值得肯定的。

特拉卡

特拉卡

圣达菲

宝利格

宝利格

吉普越野车

在战火纷飞的年代，什么汽车最令人难以忘怀？一定是像瑞士军刀一样万能的吉普车（Jeep）。Jeep 是一个品牌，而不是一种车型。世界上第一辆 Jeep 越野车是在 1941 年第二次世界大战中为满足美军军需而生产的。

汽车名片

品牌名称：吉普。总部：美国。创始人：无。
主要车系：牧马人、切诺基、指南者、自由客。
成立时间：1941 年。

车标故事

吉普这个名称是在第二次世界大战期间出现的。有一种说法是，威利斯汽车公司将样车交给军方测试时，负责接收的是 G·D·史迪威将军，于是管理车辆的美国大兵就按照"GD"的谐音将样车称为 Jeep 了。

吉普

吉普

吉普

吉普皮卡

吉普

吉普敞篷

Jeep 牧马人、BJ2020 系列、指挥官越野车

Jeep 牧马人

Jeep 牧马人的基本型号为四门五座，并衍生出长轴距版的运兵型，也就是老百姓常说的"长吉普"，同时衍生出了无后坐力炮载车、通信车、反坦克导弹发射车等多个军用衍生型号。

BJ2020 系列

"二蛋"是车迷们对 BJ2020 系列越野车的爱称，1983 年，北京汽车制造厂和美国克莱斯勒汽车公司合资组建了北京吉普汽车有限公司，随后推出了 BJ212 的后继车型 BJ2020 系列。

Jeep 指挥官

Jeep 指挥官是唯一配备前、中、后差速锁的旗舰版越野车，可以带你到荒原大漠、草地等大多数越野车到不了的地方，是真正的越野能手！

BJ2020

BJ2020

BJ2020

牧马人

指挥官

指挥官

捷豹越野车

所有喜爱捷豹汽车的车迷都听说过一句谚语——每辆捷豹的身后都有一头"狮子"。这里的狮子指得不是别人，正是捷豹品牌的创始人——威廉·里昂斯。他的风格就是简约、高雅与速度。

汽车名片

品牌名称：捷豹。总部：英国。创始人：威廉·里昂斯。越野车系：F-PACE。成立时间：1922年。

车标故事

捷豹的车标为一只正在跳跃前扑的"美洲豹"雕塑，矫健勇猛，形神兼备，具有时代感与视觉冲击力，它既代表了公司的名称，又表现出向前奔驰的力量与速度，象征捷豹汽车如美洲豹一样驰骋。

F-PACE

F-PACE

F-PACE

F-PACE

F-PACE

凯迪拉克越野车

凯迪拉克融汇了百年历史精华和一代代设计师的智慧，成为汽车工业的领导性品牌。之所以选用"凯迪拉克"之名是为了向法国的皇家贵族、探险家安东尼·门斯·凯迪拉克表示敬意，因为他在1701年建立了底特律城。

汽车名片

品牌名称：凯迪拉克。总部：美国。创始人：亨利·利兰。越野车系：XT5、SRX、凯雷德。成立时间：1902年。

凯迪拉克凯雷德

凯迪拉克凯雷德的外形非常庞大，看上去有一种压倒一切的气势。它的身高接近2米，长度超过5米，宽度更是突破了2米。试想，如果驾驶这样一个"庞然大物"行驶在街上，还会惧怕什么呢？

XT5

SRX

XT5

凯雷德

SRX

凯雷德

兰博基尼越野车

兰博基尼是全球顶级跑车品牌之一，也是奢侈品标志之一。兰博基尼越野车的特性是高速、大马力，所以标志上有一头充满力量、正准备发起冲击的斗牛。

兰博基尼 LM002

兰博基尼不光是跑车的代名词，它还是越野车的先锋。LM002 看起来像个代号，真实意思是兰博基尼军用车的第二次尝试。LM002 是兰博基尼公司唯一一款量产的越野车，被公认为是现代 LSUV 的鼻祖。

汽车名片

品牌名称：兰博基尼。总部：意大利。创始人：费鲁吉欧·兰博基尼。越野车系：兰博基尼 LM002。成立时间：1963 年。

LM002

LM002

LM002

LM002

LM002

LM002

雷克萨斯越野车

雷克萨斯是日本丰田集团旗下的著名豪华汽车品牌。该品牌创立于1983年，仅仅用了十几年的时间，便在北美超过了奔驰、宝马的销量。

汽车名片

品牌名称：雷克萨斯。总部：日本。创始人：丰田英二。越野车系：NX、RX、GX、LX。成立时间：1983年。

车标故事

雷克萨斯汽车商标采用车名"Lexus"字母"L"的大写，"L"的外面被一个椭圆包围着。椭圆代表着地球，表示雷克萨斯轿车遍布全世界。

NX

GX400

GX460

RX350

RX

雷诺越野车

　　与世界上许多汽车公司的创始人一样，雷诺汽车公司的创始人路易·雷诺也是一个对机械充满兴趣的人。早在1898年，年仅21岁的路易·雷诺在巴黎市郊比昂古创建了雷诺公司。1900年，雷诺公司在巴黎、柏林等车赛中接连获胜而名声大振，公司开始壮大发展。

车标含义

　　雷诺公司以创始人路易·雷诺的姓氏而命名，图形商标是由四个菱形拼成的图案，象征雷诺三兄弟与汽车工业融为一体，表示"雷诺"能在无限的（四维）空间中竞争、生存、发展。

汽车名片

　　品牌名称：雷诺。总部：法国。创始人：路易·雷诺。越野车系：卡缤、科雷嘉、科雷傲。成立时间：1898年。

科雷傲

科雷傲

卡缤

卡缤

科雷嘉

科雷嘉

林肯越野车

　　林肯是第一种以美国总统的名字命名、为总统生产的汽车。由于林肯车杰出的性能、高雅的造型和无与伦比的舒适，自 1939 年富兰克林·罗斯福总统以来，一直被美国白宫选为总统专车。它最"出名"的一款车是肯尼迪总统乘用的检阅车。

汽车名片

　　品牌名称：林肯。总部：美国。创始人：亨利·利兰。越野车系：MKC、MKX、MKT、领航员。成立时间：1917 年。

林肯领航员

　　林肯领航员拥有超大的车身，体现出来的不仅是威猛，还有周身散发出来的尊贵气息，让人肃然起敬。另外，车头是领航员最具特色的地方，它充分继承了林肯汽车的血统，体现了美国车大气沉稳的特色。

MKT

领航员

MKC

MKT

领航员

MKX

铃木越野车

铃木是一家日本的汽车制造企业。它的创始人——铃木道雄是一位实业家，也是一位发明家，他一生的专利、实用发明有 120 余项之多，为铃木汽车企业奠定了基础。

汽车名片

品牌名称：铃木。总部：日本。创始人：铃木道雄。越野车系：维特拉、超级维特拉、锋驭 S-CROSS、吉姆尼。成立时间：1920 年。

吉姆尼

日本的越野车很出名。铃木吉姆尼是由铃木公司生产的轻型越野车，英文名称为"JIMNY"。它在越野爱好者族群中也享有很高的地位，外观非常卡通，拥有强烈的复古风格，远看近看都是一台"小吉普"。

吉姆尼

吉姆尼

维特拉

维特拉

锋驭 S-CROSS

维特拉

吉姆尼

路虎越野车

路虎是著名的英国越野车品牌，"冒险""勇气""至尊"是其代名词，闪耀在其各款汽车当中。路虎公司以生产四驱车闻名于世。2008年，印度塔塔集团以23亿美元从福特公司手中收购了路虎。

汽车名片

品牌名称：路虎。总部：英国。创始人：Spencer和Maurice Wilks兄弟。越野车系：神行者、极光、发现、揽胜、卫士。成立时间：1948年。

车标故事

路虎在中国大陆曾被翻译成"陆虎"，在正式于中国销售前，国人一直把Range Rover翻译成"陆虎"，但是当路虎准备正式在中国上市时，发现"陆虎"已被国内一家汽车企业抢注商标。没办法，生产方只得在中国注册"路虎"商标。标志就是英文Land Rover。

路虎

Evoque

敞篷越野车

揽胜

路虎

卫士

路虎

路虎揽胜、极光、发现越野车

路虎揽胜

揽胜从 1967 年设计开始，就被定义为一款顶级完善的 SUV。从 1970 年耀世至今，揽胜因作为英国皇室座驾和经典、豪华的设计，吸引着诸多名士悉心珍藏。直至今日，路虎揽胜仍是众多英国皇室成员的驾乘选择。

路虎极光

作为一款具有英伦血统的豪华 SUV，英国专有设计的路虎极光车内 Meridian 音响系统沿袭了精准、清晰的特性，这套音响具有 16 个频道、17 个扬声器以及 825 瓦全方位环绕系统，具有非常不错的音响效果。

路虎发现

路虎发现是全球非常著名的越野健将，独特的开放式差速器功能可以带你去到天涯海角，如果你爱好越野，同时又兼顾城市行驶，并且注重外形、居家，那么路虎发现是不错的选择，几乎没有路能阻挡它的脚步。

极光

发现

发现

揽胜

极光

发现

马自达越野车

马自达创始人松田重次郎在最初设计品牌时，想要查找一个最接近自己姓氏的英文单词，最终找到"MAZDA"。后来，马自达与福特公司合作之后，采用了新的车标，椭圆中展翅飞翔的海鸥，同时又组成"M"字样，预示着公司将展翅高飞。

汽车名片

品牌名称：马自达。总部：日本。创始人：松田重次郎。越野车系：CX-5、CX-7、CX-9。成立时间：1920年。

转子引擎

马自达的转子引擎是由德国工程师汪克尔博士在1956年发明的。这是一种新型的发动机，具有重量轻、功率大、宁静和灵敏等优点，至今只被马自达汽车公司独家使用。

CX-9

CX-7

CX-5

CX-5

CX-7

CX-7

玛莎拉蒂越野车

"玛莎拉蒂"这个名字来源于意大利瓦格纳的一个普通家庭，火车司机鲁道夫·玛莎拉蒂和妻子共同养育了六个男孩：卡罗、宾多、阿尔菲力、埃多勒、埃内斯特和马里奥。六个孩子都参与了玛莎拉蒂这个世界著名跑车品牌的建设与发展。

汽车名片

品牌名称：玛莎拉蒂。总部：意大利。创始人：阿尔菲力·玛莎拉蒂。越野车系：Levante。成立时间：1914年。

车标含义

玛莎拉蒂的汽车标志是一把在椭圆形底座上放置的三叉戟，这是公司所在地意大利博洛尼亚市的市徽，相传三叉戟是罗马神话中海神尼普顿手中的武器，能够显示出海神巨大无比的威力。

Levante

Levante

Levante

Levante

Levante V8

Levante

迷你越野车

迷你是英国车坛之宝。它凭借独特的外观、灵巧的操控性能和出色的安全性能赢得了众多年轻一族的青睐，周身散发的英式尊贵气息，总让人感受到它的绅士风度。

汽车名片

品牌名称：迷你。总部：英国。创始人：John Cooper。越野车系：DACEMAN、COUNTRYMAN JCW、DACEMAN JCW。成立时间：1959年。

汽车精灵

丰厚的历史积淀和时尚的造型，使迷你不仅仅是代步工具，而更像是车轮上的时装。很少有一辆车能够历经四十余年却愈发让人喜爱，迷你正是这样的车，它是汽车的精灵。

COUNTRYMAN JCW

COUNTRYMAN JCW

PACEMAN

PACEMAN

PACEMAN

PACEMAN

欧宝越野车

欧宝是欧洲经典品牌，是名副其实的德系产品，拥有高品质、高性能、低价格的特点，在消费者中拥有很好的口碑。虽然欧宝不常参展，但欧宝品牌并不因为一时的隐身而失去光辉。欧宝的影响力和口碑效应总是让欧宝车型不胫而走。

车标故事

欧宝车标图案代表公司的技术进步和发展，它的形象像闪电一样，划破长空，震撼世界，喻示欧宝汽车行驶起来如风驰电掣，同时也焰耀它在空气动力学方面的研究成就。车名的拼写"OPEL"是创始人的姓氏。

汽车名片

品牌名称：欧宝。总部：德国。创始人：阿德姆·奥贝尔。越野车系：安德拉、Mokka。成立时间：1862年。

2011 款安德拉

Mokka

2011 款 Mokka

Mokka

Mokka

安德拉

起亚越野车

　　起亚的名字，源自汉语，"起"代表起来，"亚"代表在亚洲。起亚的意思，就是"起于东方"或"起于亚洲"，代表亚洲崛起的含义，同时也反映了起亚的胸襟——崛起亚洲、走向世界。

汽车名片

　　品牌名称：起亚。总部：韩国。创始人：郑周永。越野车系：KX3、KX5、狮跑、智跑、索兰托、霸锐。成立时间：1944年。

标志故事

　　起亚的标志由"KIA"三个字母构成。起亚汽车公司的标志是英文"KIA"，形似一只飞鹰，象征公司如腾空飞翔的雄鹰。

霸锐

智跑

KX3

KX5

KX5

KX3

日产越野车

　　"日产"是日本日产汽车公司的正式名称与商标，写成罗马字就是NISSAN，"尼桑"是对NISSAN的音译。因为汉语"日产汽车"既可以理解为"日产牌汽车"，又可以理解为"日本生产的汽车"，为了避免混淆，人们更愿意用NISSAN的音译——"尼桑"。

汽车名片

　　品牌名称：日产。总部：日本。创始人：田建治郎。越野车系：逍客、帕拉丁、奇骏、楼兰、途乐。成立时间：1933年。

途乐系列

　　说到途乐，想必对于多数人来说是一个有些陌生的名字，大家一提起日系越野首先想到的是陆地巡洋舰、帕杰罗。但是对于资深的汽车发烧友来说，途乐则如雷贯耳。

逍客

逍客

逍客

途乐

奇骏

楼兰

三菱越野车

　　三菱不是一个单独的公司，是由众多独立公司组成的团体。最初是依靠岩崎弥太郎设立的九十九商会起家的，主要生产华丽、扶桑、海市蜃楼、米尼卡、枪骑兵等轿车，总部现设在北京。

汽车名片

　　品牌名称：三菱。总部：北京。创始人：岩崎弥太郎。越野车系：帕杰罗、帕杰罗·劲畅、欧蓝德、新劲炫 ASX。成立时间：1873 年。

车标故事

　　日本三菱汽车以三枚菱形钻石为标志，显示了三菱素雅而灿烂的光华，宛如钻石一般的造车艺术。现在，这个标志是三菱各公司全体职工的象征。

帕杰罗

新劲炫 ASX

新劲炫 ASX

帕杰罗·劲畅

欧蓝德

欧蓝德

帕杰罗·劲畅

斯柯达越野车

斯柯达是世界上历史最悠久的四家汽车生产商之一。斯柯达在 100 多年的发展历程中，经历了多次战乱、政变和兼并，坚韧不拔地谱写出斯柯达辉煌的历史篇章，显示了惊人的生存能力。

汽车名片

品牌名称：斯柯达。总部：捷克。创始人：埃米尔·斯柯达。越野车系：野帝、VisionS。成立时间：1895 年。

品牌发展

畅销世界的斯柯达，最初是从生产自行车起步的。当时公司只有 7 个人，从事自行车的生产和维修，后来才开始生产摩托车和汽车。

VisionS

野帝

野帝

VisionD

野帝

泰卡特越野车

德国泰卡特诞生于一个靠近世界著名汽车城斯图加特的小镇上，这个汽车品牌发展到现在已经有 30 年的历史了。

汽车名片

品牌名称：泰卡特。总部：德国。创始人：Thomas 和 Matthias。越野车系：T7。成立时间：1987 年。

泰卡特 T7

虽然泰卡特 T7 的车身颜色看起来不算张扬，但是全黑的颜色加上被降低的车身，让 T7 整体看起来更加"街范儿"。

T7

T7

T7

T7

T7

沃尔沃越野车

沃尔沃是瑞典著名的汽车品牌，曾译为富豪。创始人是古斯塔夫·拉尔森和阿瑟·格布尔森，他们于 1927 年在瑞典哥德堡创建了这个品牌。Volvo 一词，本来为拉丁文，原意是"滚滚向前"。

汽车名片

品牌名称：沃尔沃。总部：瑞典。创始人：古斯塔夫·拉尔森、阿瑟·格布尔森。越野车系：XC60、XC Classic、XC90。成立时间：1927 年。

卡尔玛厂

卡尔玛厂是沃尔沃公司名列前茅的工厂。它的布局就像一个三叶草图案，沿着三叶草的边缘有 25 个工作站，每个站负责一部分汽车装配工序，汽车在计算机控制下的自动输送装置上绕草叶蜿蜒运行，当走完这 25 个工作站时，就生产出一辆漂亮的汽车。

XC90

XC60

XC60

XC90

XC Classic

XC60

现代越野车

现代汽车公司是韩国最大的汽车企业，在世界范围内排名第六。它的口号是"现代汽车遍布全世界"，目前已经在北美、印度、中国、土耳其设立工厂。

汽车名片

品牌名称：现代。总部：韩国。创始人：郑周永。越野车系：ix25、途胜、ix35、全新胜达、格锐。成立时间：1967年。

车标故事

现代汽车公司的标志是椭圆内有斜字母"H"。"H"是现代汽车公司英文HYUNDAI的首个字母。椭圆表示地球，象征着现代汽车以全世界作为舞台，进行企业的全球化经营管理。

ix25

ix35

全新胜达

途胜

ix35

全新胜达

雪佛兰越野车

　　雪佛兰商标是图案化了的蝴蝶领结，象征着雪佛兰汽车的大方、气派和风度。"雪佛兰"这个品牌名来源于创始人威廉·杜兰特一位好朋友的名字，即路易斯·雪佛兰，他是瑞士著名的赛车手、工程师。

汽车名片

　　品牌名称：雪佛兰。总部：美国。创始人：威廉·杜兰特。越野车系：巨无霸、Tahoe、TrailBlazer、TRAX 创酷、科帕奇。成立时间：1911 年。

雪佛兰巨无霸

　　作为 SUV 阵营里的大哥大，全尺寸 SUV 一直在追求一个"大"字，车长一般在 5 米以上。追根溯源，这些都与它的发源地美国有关。其中雪佛兰巨无霸作为美式全尺寸 SUV 阵营中历史时间长达 80 年的车型，最具代表性。

Tahoe

Tahoe

巨无霸

科帕奇

TrailBlazer

TRAX 创酷

雪铁龙越野车

　　雪铁龙的创始人安德烈·雪铁龙非常有眼光。1900 年，年仅 22 岁的他，在波兰旅行时偶然发现了一种"人"字形齿轮切割方法，立即购买了这项专利。从此，这种"人"字形条纹齿轮便成为雪铁龙公司的象征，也是一直延续至今的雪铁龙汽车标识。

汽车名片

　　品牌名称：雪铁龙。总部：法国。创始人：安德烈·雪铁龙。越野车系：C3-XR、C4 Aircross。成立时间：1919 年。

雪铁龙 C4 Aircross

　　雪铁龙 C4 Aircross 是雪铁龙在亚洲推出的首款城市 SUV，对于崇尚自由的年轻人来说，它是动与美的统一。车身侧面风格化的上扬腰线，一直延伸到后翼子板，再下降穿过尾灯，描绘出一个健硕、强壮的侧身轮廓，使得车身整体看上去俊朗、张扬，非常时髦。

C3-XR

C3-XR

C4 Aircross

C4 Aircross

C4 Aircross

C4 Aircross

依维柯越野车

依维柯LMV充分考虑了不对称战争的需要，基型车也能达到较高的防护水平。标准承载质量与悍马差不多，该车被许多国家用于军事装备。

汽车名片

品牌名称：依维柯LMV。总部：意大利。创始人：无。越野车系：LMV、Massif。创立时间：1975年。

多种用途

具有多用途延展性的LMV可以作为指挥车、侦察联络车、轻型武器平台、救护车和火炮牵引车使用，或者作为一种军用运输工具。它的防护性非常出色。与悍马相比，两者的外形差不多，但是LMV的车高比较高，战斗全重（装备自身重量＋外挂装甲＋弹药＋燃料＋遥控武器站）也比悍马大。车身设计规范、系统。

军用越野车

救护车

2046 越野房车

中型越野车

军用越野车

英菲尼迪越野车

英菲尼迪是日产旗下的豪华车品牌，于 1989 年诞生于北美地区。凭借独特前卫的设计、出色的产品性能和贴心的客户服务，英菲尼迪迅速成为全球豪华汽车市场中最重要的品牌之一。

汽车名片

品牌名称：英菲尼迪。总部：中国。创始人：无。越野车系：QX30、QX50、QX56、QX60、QX70、QX80、ESQ、EX、JX、FX。成立时间：1989 年。

车标故事

英菲尼迪的椭圆形标志表现的是一条无限延伸的道路。椭圆曲线代表无限扩张之意，也象征着"全世界"；两条直线代表通往巅峰的道路，象征无尽的发展。整个标志象征着英菲尼迪人的一种永无止境的追求。

QX30

FX

QX60

JX

ESQ

QX70

郑州日产越野车

　　帕拉丁是郑州日产生产的一款SUV汽车，帕拉丁（Paladin）传说是中世纪查理大帝麾下的12勇士。郑州日产以英雄之名为其命名，寓意其英勇善战、骁勇彪悍。2006年东风-郑州日产帕拉丁车队出征第28届达喀尔拉力赛。第385、374号帕拉丁赛车分别荣获第19名、第43名，刷新了中国车队在该项赛事中的最好战绩。

汽车名片

　　品牌名称：帕拉丁。总部：中国。创始人：无。越野车系：帕拉丁。成立时间：1993年。

诞生之初

　　帕拉丁最早现身于2003年2月份，后亮相于当年的北京国际车展，当时它与日产公司的诸多车型同台展出，并受到了传奇人物日产公司总裁卡洛斯·戈恩的极力宣扬，这让很多人都记住了郑州日产，记住了帕拉丁。

2013 款·四驱·舒适版

2009 款·四驱·行政版

2008 款·四驱·标准版

2009 款·两驱·豪华版

2013 款·四驱·豪华型

2013 款·两驱·标准型

中兴越野车

中兴是目前中国国内最具规模的、具有完全自主知识产权及整车研发能力的现代化皮卡、SUV 生产企业。中国第一辆具有自主知识产权的皮卡车即诞生于此。

汽车名片

品牌名称：中兴。总部：中国。创始人：无。越野车系：C3、GX3、无限 V7、威虎、无限、无限 V5。成立时间：1999 年。

汽车精神

中兴汽车的企业精神是"恒志、求索"。恒志是指永远胸怀激情和理想；求索是指永不停息创新的脚步。

C3

C3

GX3

无限 V7

无限

威虎 G3

编写者名单

韩　雪　刘少宸　唐婷婷　佟　坤　韩　冰　崔向军　燕文婷
杨现军　郝万增　赵丽蕊　孙亚兰　杜文凤　杨　洋　高群英
原伟琴　杨　丹　戚家富　安　宇